KB076597

라틴어 문법 차트

김광채 지음

부크크

2021

개 괄 목 차

상 세 목 차

B. 형용사 / 33

$\alpha \text{XP} \omega$

A. 명사

1. 제1변화 / a-변화

	단수	복수
주 격	fēmina 여자	fēminae
소유격	fēminae	fēminārum
여 격	fēminae	fēminīs
목적격	fēminam	fēminās
탈 격	fēminā	fēminīs
호 격	fēmina!	fēminae!

해설:

1. 제1변화 명사는 대부분 여성이다. 그러나 직업 내지 지위를 나타내는 명사나, 어떤 땅의 거주자를 나타내는 명사는 남성일 수 있다.

agricola 농부, nauta 뱃사람, incola 거주자, Persa 페르시아 사람.

2. familia(= "가족")의 단수 소유격 어미는 -ās일 때가 있다.

pater familiās 가부장, māter familiās 주부.

2. 제2변화 / o-변화 남성 제1급

	단수	복수
주 격	amīcus 친구	amīcī
소유격	amīcī	amīcōrum
여 격	amīcō	amīcīs
목적격	amīcum	amīcōs
탈 격	amīcō	amīcīs
호 격	amīce!	amīcī!

3. 제2변화 / o-변화 남성 제2급 제1형

	단수	복수
주 격	puer 소년	puerī
소유격	puerī	puerōrum
여 격	puerō	puerīs
목적격	puerum	puerōs
탈 격	puerō	puerīs
호 격	puer!	puerī!

	단수	복수
주 격	vir 남자	virī
소유격	virī	virōrum
여 격	virō	virīs
목적격	virum	virōs
탈 격	virō	virīs
호 격	vir!	virī

4. 제2변화 / o-변화 남성 제2급 제2형

	단수	복수
주 격	magister 선생	magistrī
소유격	magistrī	magistrōum
여 격	magistrō	magistrīs
목적격	magistrum	magistrōs
탈 격	magistrō	magistrīs
호 격	magister!	magistrī!

5. 제2변화 / o-변화 남성 특수 케이스

	단수	복수
주 격	deus 신(神)	deī = diī = dī
소유격	deī	deōrum
여 격	deō	deīs = diīs = dīs
목적격	deum	deōs
탈 격	deō	deīs = diīs = dīs
호 격	deus!	deī! = diī! = dī!

	단수	복수
주 격	fīlius 아들	fīliī
소유격	fīliī	fīliōrum
여 격	fīliō	fīliīs
목적격	fīlium	fīliōs
탈 격	fīliō	fīliīs
호 격	fīlī!	fīlī!

6. 제2변화 / o-변화 중성

	단수	복수
주 격	rēgnum 왕국	rēgna
소유격	rēgnī	rēgnōrum
여 격	rēgnō	rēgnīs
목적격	rēgnum	rēgna
탈 격	rēgnō	rēgnīs
호 격	rēgnum!	rēgna!

	단수	복수
주 격	auxilium 도움	auxilia 지원부대
소유격	auxiliī	auxiliōrum
여 격	auxiliō	auxiliīs
목적격	auxilium	auxilia
탈 격	auxiliō	auxiliīs
호 격	auxilium!	auxilia!

7. 제3변화 제1형 (자음변화) 유음 어간 남성

	단수	복수
주 격	cōnsul 통령	cōnsulēs
소유격	cōnsulis	cōnsulum
여 격	cōnsulī	cōnsulibus
목적격	cōnsulem	cōnsulēs
탈 격	cōnsule	cōnsulibus
호 격	cōnsul!	cōnsulēs!

	단수	복수
주 격	labor 노동	labōrēs
소유격	labōris	labōrum
여 격	labōrī	labōribus
목적격	labōrem	labōrēs
탈 격	labōre	labōribus
호 격	labor!	labōrēs!

	단수	복수
주 격	homō 사람	hominēs
소유격	hominis	hominum
여 격	hominī	hominibus
목적격	hominem	hominēs
탈 격	homine	hominibus
호 격	homō!	hominēs!

8. 제3변화 제1형 (자음변화) 유음 어간 여성

	단수	복수
주 격	nātiō 민족	nātiōnēs
소유격	nātiōnis	nātiōnum
여 격	nātiōnī	nātiōnibus
목적격	nātiōnem	nātiōnēs
탈 격	nātiōne	nātiōnibus
호 격	nātiō!	nātiōnēs!

9. 제3변화 제1형 (자음변화) 유음 어간 중성

	단수	복수
주 격	fulgur 번개	fulgura
소유격	fulguris	fulgurum
여 격	fulgurī	fulguribus
목적격	fulgur	fulgura
탈 격	fulgure	fulguribus
호 격	fulgur!	fulgura!

	단수	복수
주 격	flūmen 강	flūmina
소유격	flūminis	flūminum
여 격	flūminī	flūminibus
목적격	flūmen	flūmina
탈 격	flūmine	flūminibus
호 격	flūmen!	flūmina!

10. 제3변화 제1형 (자음변화) 후음 어간 남성

	단수	복수
주 격	rēx 왕	rēgēs
소유격	rēgis	rēgum
여 격	rēgī	rēgibus
목적격	rēgem	rēgēs
탈 격	rēge	rēgibus
호 격	rēx!	rēgēs!

	단수	복수
주 격	dux 지도자	ducēs
소유격	ducis	ducum
여 격	ducī	ducibus
목적격	ducem	ducēs
탈 격	duce	ducibus
호 격	dux!	ducēs!

11. 제3변화 제1형 (자음변화) 후음 어간 여성

	단수	복수
주 격	vōx 음성	vōcēs
소유격	vōcis	vōcum
여 격	vōcī	vōcibus
목적격	vōcem	vōcēs
탈 격	vōce	vōcibus
호 격	vōx!	vōcēs!

	단수	복수
주 격	lēx 법	lēgēs
소유격	lēgis	lēgum
여 격	lēgī	lēgibus
목적격	lēgem	lēgēs
탈 격	lēge	lēgibus
호 격	lēx!	lēgēs!

12. 제3변화 제1형 (자음변화) 치음 어간 남성

	단수	복수
주 격	pēs 발	pedēs
소유격	pedis	pedum
여 격	pedī	pedibus
목적격	pedem	pedēs
탈 격	pede	pedibus
호 격	pēs!	pedēs!

	단수	복수
주 격	mīles 군인	mīlitēs
소유격	mīlitis	mīlitum
여 격	mīlitī	mīlitibus
목적격	mīlitem	mīlitēs
탈 격	mīlite	mīlitibus
호 격	mīles!	mīlitēs!

13. 제3변화 제1형 (자음변화) 치음 어간 여성

	단수	복수
주 격	virtūs 덕	virtūt**ēs**
소유격	virtūt**is**	virtūt**um**
여 격	virtūt**ī**	virtūt**ibus**
목적격	virtūt**em**	virtūt**ēs**
탈 격	virtūt**e**	virtūt**ibus**
호 격	virtūs!	virtūt**ēs**!

	단수	복수
주 격	laus 칭찬	laud**ēs**
소유격	laud**is**	laud**um**
여 격	laud**ī**	laud**ibus**
목적격	laud**em**	laud**ēs**
탈 격	laud**e**	laud**ibus**
호 격	laus!	laud**ēs**!

14. 제3변화 제1형 (자음변화) 치음 어간 중성

	단수	복수
주　격	caput　　머리	capit**a**
소유격	capit**is**	capit**um**
여　격	capit**ī**	capit**ibus**
목적격	caput	capit**a**
탈　격	capit**e**	capit**ibus**
호　격	caput!	capit**a!**

15. 제3변화 제1형 (자음변화) 순음 어간 남성

	단수	복수
주　격	prīnceps　　군주	prīncip**ēs**
소유격	prīncip**is**	prīncip**um**
여　격	prīncip**ī**	prīncip**ibus**
목적격	prīncip**em**	prīncip**ēs**
탈　격	prīncip**e**	prīncip**ibus**
호　격	prīnceps!	prīncip**ēs!**

16. 제3변화 제1형 (자음변화) 순음 어간 여성

	단수	복수
주 격	plēbs 평민	plēbēs
소유격	plēbis	plēbum
여 격	plēbī	plēbibus
목적격	plēbem	plēbēs
탈 격	plēbe	plēbibus
호 격	plēbs!	plēbēs!

	단수	복수
주 격	ops 힘	opēs
소유격	opis	opum
여 격	opī	opibus
목적격	opem	opēs
탈 격	ope	opibus
호 격	ops!	opēs!

17. 제3변화 제2형 (모음변화) 여성

	단수	복수
주 격	turris 탑	turrēs
소유격	turris	turrium
여 격	turrī	turribus
목적격	turrim	turrēs / turrīs
탈 격	turrī	turribus
호 격	turris!	turrēs!

	단수	복수
주 격	vīs 힘	vīrēs
소유격	–	vīrium
여 격	–	vīribus
목적격	vim	vīrēs
탈 격	vī	vīribus
호 격	vīs!	vīrēs!

18. 제3변화 제2형 (모음변화) 중성

	단수	복수
주 격	mare 바다	mar**ia**
소유격	mar**is**	mar**ium**
여 격	mar**ī**	mar**ibus**
목적격	mare	mar**ia**
탈 격	mar**ī**	mar**ibus**
호 격	mare!	mar**ia!**

	단수	복수
주 격	animal 동물	animāl**ia**
소유격	animāl**is**	animāl**ium**
여 격	animāl**ī**	animāl**ibus**
목적격	animal	animāl**ia**
탈 격	animāl**ī**	animāl**ibus**
호 격	animal!	animāl**ia!**

19. 제3변화 제3형 (혼합변화) 남성

	단수	복수
주 격	fīnis 끝	fīnēs
소유격	fīnis	fīnium
여 격	fīnī	fīnibus
목적격	fīnem	fīnēs
탈 격	fīne	fīnibus
호 격	fīnis!	fīnēs!

	단수	복수
주 격	mōns 산	montēs
소유격	montis	montium
여 격	montī	montibus
목적격	montem	montēs
탈 격	monte	montibus
호 격	mōns!	montēs!

20. 제3변화 제3형 (혼합변화) 여성

	단수	복수
주 격	nūbēs 구름	nūbēs
소유격	nūbis	nūbium
여 격	nūbī	nūbibus
목적격	nūbem	nūbēs
탈 격	nūbe	nūbibus
호 격	nūbēs!	nūbēs!

	단수	복수
주 격	urbs 도성	urbēs
소유격	urbis	urbium
여 격	urbī	urbibus
목적격	urbem	urbēs
탈 격	urbe	urbibus
호 격	urbs!	urbēs!

21. 제3변화 제3형 (혼합변화) 중성

	단수	복수
주 격	cor 심장	cor**a**
소유격	cor**dis**	cor**dium**
여 격	cor**dī**	cor**dibus**
목적격	cor	cor**da**
탈 격	cor**de**	cor**dibus**
호 격	cor!	cor**da**!

	단수	복수
주 격	os 뼈	oss**a**
소유격	oss**is**	oss**ium**
여 격	oss**ī**	oss**ibus**
목적격	os	oss**a**
탈 격	oss**e**	oss**ibus**
호 격	os!	oss**a**!

22. 제4변화 / u-변화 남성

	단수	복수
주 격	frūctus 열매	frūctūs
소유격	frūctūs	frūctuum
여 격	frūctuī	frūctibus
목적격	frūctum	frūctūs
탈 격	frūctū	frūctibus
호 격	frūctus!	frūctūs!

	단수	복수
주 격	exercitus 군대	exercitūs
소유격	exercitūs	exercituum
여 격	exercituī	exercitibus
목적격	exercitum	exercitūs
탈 격	exercitū	exercitibus
호 격	exercitus!	exercitūs!

23. 제4변화 / u-변화 여성

	단수	복수
주 격	manus 손	manūs
소유격	manūs	manuum
여 격	manuī	manibus
목적격	manum	manūs
탈 격	manū	manibus
호 격	manus!	manūs!

	단수	복수
주 격	porticus 주랑	porticūs
소유격	porticūs	porticuum
여 격	porticuī	porticibus
목적격	porticum	porticūs
탈 격	porticū	porticibus
호 격	porticus!	porticūs!

24. 제4변화 / u-변화 중성

	단수	복수
주 격	cornū 뿔	cornua
소유격	cornūs	cornuum
여 격	cornū / cornuī	cornibus
목적격	cornū	cornua
탈 격	cornū	cornibus
호 격	cornū!	cornua!

	단수	복수
주 격	genū 무릎	genua
소유격	genūs	genuum
여 격	genū / genuī	genibus
목적격	genū	genua
탈 격	genū	genibus
호 격	genū!	genua!

25. 제4변화 / u-변화 특수 케이스

	단수	복수
주 격	domus 집	domūs
소유격	domūs / domī	domuum / domōrum
여 격	domuī / domō	domibus
목적격	domum	domūs / domōs
탈 격	domū / domō	domibus
호 격	domus!	domūs!

	단수	복수
주 격	arcus 활	arcūs
소유격	arcūs	arcuum
여 격	arcuī	arcubus
목적격	arcum	arcūs
탈 격	arcū	arcubus
호 격	arcus!	arcūs!

26. 제5변화 / e-변화

	단수	복수
주 격	rēs 사물	rēs
소유격	reī	rērum
여 격	reī	rēbus
목적격	rēs	rēs
탈 격	rē	rēbus
호 격	rēs!	rēs!

	단수	복수
주 격	diēs 날/낮	diēs
소유격	diēī	diērum
여 격	diēī	diēbus
목적격	diem	diēs
탈 격	diē	diēbus
호 격	diēs!	diēs!

B. 형용사

1. 제1/2변화 제1급

bonus 3 선한, 좋은.

	남성	여성	중성
단주	bonus	bona	bonum
소	bonī	bonae	bonī
여	bonō	bonae	bonō
목	bonum	bonam	bonum
탈	bonō	bonā	bonō
호	bone	bona	bonum
복주	bonī	bonae	bona
소	bonōrum	bonārum	bonōrum
여	bonīs	bonīs	bonīs
목	bonōs	bonās	bona
탈	bonīs	bonīs	bonīs
호	bonī	bonae	bona

stella, *f.* 별. magnus 3 큰.

	단수	복수
주	stella magna	stellae magnae
소	stellae magnae	stellārum magnārum
여	stellae magnae	stellīs magnīs
목	stellam magnam	stellās magnās
탈	stellā magnā	stellīs magnīs
호	stella magna	stellae magnae

amīcus, *m.* 친구. bonus 3 좋은.

	단수	복수
주	amīcus bonus	amīcī bonī
소	amīcī bonī	amīcōrum bonōrum
여	amīcō bonō	amīcīs bonīs
목	amīcum bonum	amīcōs bonōs
탈	amīcō bonō	amīcīs bonīs
호	amīce bone	amīcī bonī

rēgnum, *n.* 왕국.

	단수	복수
주	rēgnum magnum	rēgna magna
소	rēgnī magnī	rēgnōrum magnōrum
여	rēgnō magnō	rēgnīs magnīs
목	rēgnum magnum	rēgnās magnās
탈	rēgnō magnō	rēgnīs magnīs
호	rēgnum magnum	rēgna magna

pīrāta, ae, *m.* 해적. malus 3 나쁜.

	단수	복수
주	pīrāta malus	pīrātae malī
소	pīrātae malī	pīrātārum malōrum
여	pīrātae malō	pīrātīs malīs
목	pīrātam malum	pīrātās malōs
탈	pīrātā malō	pīrātīs malīs
호	pīrāta male	pīrātae malī

pirus, ī, *f.* 배나무. magnus 3 큰.

	단수	복수
주	pirus magna	pirī magnae
소	pirī magnae	pirōrum magnārum
여	pirō magnae	pirīs magnīs
목	pirum magnam	pirōs magnās
탈	pirō magnā	pirīs magnīs
호	pire magna	pirī magnae

교부 어거스틴(354~430)은 사춘기 때 친구들과 함께 자기 집 포도원 근처에 있던 배나무에서 배서리를 한 일이 있다.

2. 제1/2변화 제2급

līber (era, erum) 자유로운.

	남성	여성	중성
단주	līber	lībera	līberum
소	līberī	līberae	līberī
여	līberō	līberae	līberō
목	līberum	līberam	līberum
탈	līberō	līberā	līberō
호	līber	lībera	līberum

	남성	여성	중성
복주	līberī	līberae	lībera
소	līberōrum	līberārum	līberōrum
여	līberīs	līberīs	līberīs
목	līberōs	līberās	lībera
탈	līberīs	līberīs	līberīs
호	līberī	līberae	lībera

puer, erī, *m.* 소년. miser (era, erum) 불쌍한.

	단수	복수
주	puer miser	puerī miserī
소	puerī miserī	puerōrum miserōrum
여	puerō miserō	puerīs miserīs
목	puerum miserum	puerōs miserōs
탈	puerō miserō	puerīs miserīs
호	puer miser	puerī miserī

ager, grī, *m.* 토지. pūblicus 3 공공의.

	단수	복수
주	ager pūblicus	agrī pūblicī
소	agrī pūblicī	agrōrum pūblicōrum
여	agrō pūblicō	agrīs pūblicīs
목	agrum pūblicum	agrōs pūblicōs
탈	agrō pūblicō	agrīs pūblicīs
호	ager pūblice	agrī pūblicī

niger (gra, grum) 검은.

	남성	여성	중성
단주	niger	nigra	nigrum
소	nigrī	nigrae	nigrī
여	nigrō	nigrae	nigrō
목	nigrum	nigram	nigrum
탈	nigrō	nigrā	nigrō
호	niger	nigra	nigrum
복주	nigrī	nigrae	nigra
소	nigrōrum	nigrārum	nigrōrum
여	nigrīs	nigrīs	nigrīs
목	nigrōs	nigrās	nigra
탈	nigrīs	nigrīs	nigrīs
호	nigrī	nigrae	nigra

Porta Nigra (= "검은 문") 로마 사람들이 독일 트리어(Trier)에 건설한 문.

puella, ae, *f.* 소녀. pulcher (chra, chrum) 예쁜.

	단수	복수
주	puella pulchra	puellae pulchrae
소	puellae pulchrae	puellārum pulchrārum
여	puellae pulchrae	puellīs pulchrīs
목	puellam pulchram	puellās pulchrās
탈	puellā pulchrā	puellīs pulchrīs
호	puella pulchra	puellae pulchrae

bellum, ī, *n.* 전쟁. sacer (sacra, sacrum) 거룩한.

	단수	복수
주	bellum sacrum	bella sacra
소	bellī sacrī	bellōrum sacrōrum
여	bellō sacrō	bellīs sacrīs
목	bellum sacrum	bella sacra
탈	bellō sacrō	bellīs sacrīs
호	bellum sacrum	bella sacra

3. 제3변화 제1형 (자음변화)

vetus, eris 옛날의.

	단수		복수	
	남성/여성	중성	남성/여성	중성
주	vetus	vetus	veterēs	vetera
소	veteris	veteris	veterum	veterum
여	veterī	veterī	veteribus	veteribus
목	veterem	vetus	veterēs	vetera
탈	vetere	vetere	veteribus	veteribus

amīcus vetus 옛 친구. Vetus Testāmentum 구약.

자음변화 형용사

compos, potis	제어할 수 있는, 소유하는
dīves, itis	부유한
pauper, eris	가난한
particeps, cipis	참여하는
prīnceps, cipis	으뜸가는, 주요한
sospes, itis	평안한
superstes, stitis	…보다 오래 생존한

4. 제3변화 제2형 (모음변화)

(1) 주격 단수 부동 형용사

ācer (ācris, ācre) 날카로운.

	단수			복수	
	남성	여성	중성	남성/여성	중성
주	ācer	ācris	ācre	ācrēs	ācria
소	ācris	ācris	ācris	ācrium	ācrium
여	ācrī	ācrī	ācrī	ācribus	ācribus
목	ācrem	ācrem	ācre	ācrēs	ācria
탈	ācrī	ācrī	ācrī	ācribus	ācribus

alacer (cris, cre)   민활한
campester (tris, tre)   들판의
celeber (bris, bre)   번화한, 유명한
celer (eris, ere)   빠른, 급한
equester (tris, tre)   말 타는, 기병의
pedester (tris, tre)   걸어가는, 보병의
salūber (bris, bre)   건강에 좋은
silvester (tris, tre)   수풀의
terrester (tris, tre)   땅의
volucer (cris, cre)   날개 달린

(2) 주격 단수 남성 여성 동일 형용사

levis (leve) 가벼운.

	단수		복수	
	남성/여성	중성	남성/여성	중성
주	levis	leve	levēs	levia
소	levis	levis	levium	levium
여	levī	levī	levibus	levibus
목	levem	leve	levēs	levia
탈	levī	levī	levibus	levibus

brevis (breve)   짧은
difficilis (difficile)   어려운
facilis (facile)   쉬운
fortis (forte)   힘찬
gravis (grave)   무거운
similis (simile)   비슷한
vīsibilis (vīsibile)   보이는

Vīta brevis, ars longa.   인생은 짧고, 예술은 길다.

(3) 주격 단수 남성 여성 중성 동일 형용사

fēlīx, īcis 행복한.

	단수		복수	
	남성/여성	중성	남성/여성	중성
주	fēlīx	fēlīx	fēlīcēs	fēlīcia
소	fēlīcis	fēlīcis	fēlīcium	fēlīcium
여	fēlīcī	fēlīcī	fēlīcibus	fēlīcibus
목	fēlīcem	fēlīx	fēlīcēs	fēlīcia
탈	fēlīcī	fēlīcī	fēlīcibus	fēlīcibus

audāx, ācis	대담한, 무모한
ferōx, ōcis	사나운, 대담한
tenāx, ācis	질긴, 끈질긴
vēlōx, ōcis	빠른

simplex, icis	한 겹의, 단순한
duplex, icis	이중의
triplex, icis	삼중의

homō fēlīx 행복한 사람

5. 제3변화 제3형 (혼합변화)

동사의 현재분사는 혼합변화를 한다.

laudāns (laudāre 동사의 현재 분사) 칭찬하는.

	단수		복수	
	남성/여성	중성	남성/여성	중성
주	laudāns	laudāns	laudantēs	laudantia
소	laudantis	laudantis	laudantium	laudantium
여	laudantī	laudantī	laudantibus	laudantibus
목	laudantem	laudāns	laudantēs	laudantia
탈	laudante	laudante	laudantibus	laudantibus

monēns (monēre 동사의 현재 분사) 권고하는.

	단수		복수	
	남성/여성	중성	남성/여성	중성
주	monēns	monēns	monentēs	monentia
소	monentis	monentis	monentium	monentium
여	monentī	monentī	monentibus	monentibus
목	monentem	monēns	monentēs	monentia
탈	monente	monente	monentibus	monentibus

6. 형용사 비교급의 격변화

형용사의 비교급은 자음변화를 한다.

altior (altus의 비교급) 더 높은.

	단수		복수	
	남성/여성	중성	남성/여성	중성
주	altior	altius	altiōrēs	altiōra
소	altiōris	altiōris	altiōrum	altiōrum
여	altiōrī	altiōrī	altiōribus	altiōribus
목	altiōrem	altius	altiōrēs	altiōra
탈	altiōre	altiōre	altiōribus	altiōribus

Nihil est miserius quam bellum.

　　　전쟁보다 더 비참한 것은 없다.

Nihil est cārius quam Iēsūs Chrīstus.

　　　예수 그리스도보다 더 귀한 것은 없다.

7. 규칙변화 형용사의 비교급과 최상급

원급	비교급	최상급
longus, a, um 긴	longior, ius	longissimus, a, um
brevis, e 짧은	brevior, ius	brevissimus, a, um
fēlīx 행복한	fēlīcior, ius	fēlīcissimus, a, um
prūdēns 명철한	prūdentior, ius	prūdentissimus, a, um
līber, a, um 자유로운	līberior, ius	līberrimus, a, um
pulcher, chra, chrum 아름다운	pulchrior, ius	pulcherrimus, a, um
celer, eris, ere 빠른	celerior, ius	celerrimus, a, um
ācer, cris, cre 날카로운	ācrior, ius	ācerrimus, a, um

어간이 r로 끝나는 형용사의 최상급 어미는 -rimus, -rima, -rimum이다.

8. 불규칙변화 형용사의 비교급과 최상급

(1) 원급이 -ilis로 끝나는 형용사

원급	비교급	최상급
facilis, e 쉬운	facilior, ius	facillimus, a, um
difficilis, e 어려운	difficilior, ius	difficillimus, a, um
similis, e 비슷한	similior, ius	simillimus, a, um
dissimilis, e 다른	dissimilior, ius	dissimillimus, a, um
humilis, e 겸손한	humilior, ius	humillimus, a, um
gracilis, e 가느다란	gracilior, ius	gracillimus, a, um
nōbilis, e 귀족의	nōbilior, ius	nōbilimus, a, um

Facillimum est vituperāre, multō difficilius ēmendāre.
책망하기는 매우 쉽지만, 고치기는 [그보다] 훨씬 더 어렵다.

(2) 어간이 변하는 형용사

원급	비교급	최상급
bonus, a, um 좋은	melior, melius	optimus, a, um
malus, a, um 나쁜	pēior, pēius	pessimus, a, um
magnus, a, um 큰	māior, māius	maximus, a, um
parvus, a, um 작은	minor, minus	minimus, a, um
multum 많은 (much)	plūs (*gen.*: plūris)	plūrimum
multī, ae, a 많은 (many)	plūrēs, plūra (*gen.*: plūrium)	plūrimī, ae, a
–	complūrēs, complūra (*gen.*: complūrium) 여럿	plērīque, 대부분의 plēraeque, plēraque
dexter, 오른쪽 (e)ra, (e)rum	dexterior, ius	dextimus, a, um (= dextumus, a, um)
vetus 옛날의	vetustior, vetustius	veterrimus, a, um

(3) 원급 결여 형용사

어원	비교급	최상급
extrā 밖에	exterior, ius	extrēmus, a, um
intrā 안에	interior, ius	intimus, a, um
īnfrā 아래에	īnferior, ius	īnfimus, a, um
suprā 위에	superior, ius	suprēmus, a, um summus, a, um
prae 앞에	prior, ius	prīmus, a, um
post 뒤에	posterior, ius	postrēmus, a, um
prope 가까이에	propior, ius	proximus, a, um
citrā 이쪽에	citerior, ius	citimus, a, um
ultrā 너머에	ulterior, ius	ultimus, a, um
dē 에서 아래로	dēterior, ius	dēterrimus, a, um

C. 부사

1. 부사의 형성

(1) 부사의 규칙적 형성

가. 제1/2변화 형용사로부터의 규칙적 부사 형성 (어미 ē)

형용사		부사
clārus	유명한	clārē
doctus	학식 있는	doctē
iūstus	의로운	iūstē
longus	긴	longē
asper	거친	asperē
līber	자유로운	līberē
miser	불쌍한	miserē
dexter	오른쪽의	dext(e)rē
integer	온전한	integrē
pulcher	아름다운	pulchrē

나. 제3변화 형용사로부터의 규칙적 부사 형성

(a) 어미 iter

형용사		부사
fēlīx	행복한	fēlīciter
atrōx	혹독한	atrōciter
fortis	용감한	fortiter
brevis	짧은	breviter
celer	빠른	celeriter
ācer	날카로운	āceriter

(b) 어미 er

형용사		부사
cōnstāns	한결같은	cōnstanter
dīligēns	세심한	dīligenter
libēns	기꺼운	libenter
prūdēns	명철한	prūdenter

(2) 부사의 불규칙적 형성

가. 제2변화 형용사로부터의 불규칙적 부사 형성 (어미 ō)

형용사		부사
citus	빠른	citō
cōnsultus	의도적인	cōnsultō
continuus	계속적인	continuō
falsus	그릇된, 거짓된	falsō
fortuītus	우연한	fortuītō
meritus	당연한	meritō
necessārius	필요한	necessāriō
perpetuus	지속적인	perpetuō
postrēmus	최종적인	postrēmō
prīmus	최초의	prīmō
rārus	드문	rārō
sēcrētus	비밀의	sēcrētō
sērus	늦은	sērō
subitus	돌연한	subitō
tūtus	확실한	tūtō
crēber	빈번한	crēbrō

나. 형용사의 중성 단수가 부사로 사용되는 경우

cēterum	그밖에	postrēmum	마지막 번째로
multum	많이	prīmum	첫 번째로
nimium	심하게	secundum	둘째로
paulum	약간	sōlum	홀로, 오직
plērumque	대부분	tantum	오직
plūrimum	매우 많이	vērum	그래도
facile	쉽게		

다. 형용사에서 부사가 불규칙적으로 형성된 기타의 중요한 예

형용사		부사
bonus	좋은	bene
malus	나쁜	male
alius	다른	aliter
fīdus	신실한	fidēliter
audāx	대담한	audācter
sollers	재치 있는	sollerter

2. 부사의 비교변화

(1) 부사 비교급의 규칙적 형성

iūstus	의로운	iūstē	iūstius
miser	불쌍한	miserē	miserius
pulcher	예쁜	pulchrē	pulchrius
crēber	빈번한	crēbrō	crēbrius
fēlīx	행복한	fēlīciter	fēlīcius
fortis	용감한	fortiter	fortius
ācer	날카로운	ācriter	ācrius
celer	빠른	celeriter	celerius
sapiēns	지혜로운	sapienter	sapientius

(2) 부사 최상급의 규칙적 형성

iūstus	iūstissimus	iūstissimē
miser	miserrimus	miserrimē
pulcher	pulcherrimus	pulcherrimē
crēber	crēberrimus	crēberimē
fēlīx	fēlīcissimus	fēlīcissimē
fortis	fortissimus	fortissimē
ācer	ācerrimus	ācerrimē
celer	celerrimus	celerrimē
sapiēns	sapientissimus	sapientissimē

(3) 부사 비교급과 최상급의 불규칙적 형성

원급		비교급	최상급
māgnopere	크게	magis	maximē
valdē	심히	magis	maximē
multum	많이	plūs	plūrimum
nōn multum	적게, 작게	minus	minimē
diū	오래	diutius	diutissimē
saepe	자주	saepius	saepissimē
prope	가까이	propius	proximē
bene	좋게	melius	optimē
male	나쁘게	pēius	pessimē
–		prius 먼저	prīmum
–		potius 오히려	potissimum

Potius sērō quam numquam.

전혀 안 하는 것보다는 늦게라도 하는 것이 더 낫다.

D. 대명사

1. 인칭대명사

	단수		복수	
	1인칭	2인칭	1인칭	2인칭
주	egō	tū	nōs	vōs
소	meī	tuī	nostrī	vestrī (*gen. obiectīvus*)
			nostrum	vestrum (*gen. partītīvus*)
여	mihī	tibī	nōbīs	vōbīs
목	mē	tē	nōs	vōs
탈	mē	tē	nōbīs	vōbīs
	ā mē	ā tē	ā nōbīs	ā vōbīs
	mēcum	tēcum	nōbīscum	vōbīscum

목적어적 소유격(Genetīvus obiectīvus)

    dēsīderium vestrī 너희들에 대한 그리움

부분의 소유격 (Genetīvus partītīvus)

    Quis nostrum? 우리 중 누가?

| | 3인칭 단수 | | | 3인칭 복수 | | | 재귀 |
	남	여	중	남	여	중	대명사
주	(is)	(ea)	(id)	(eī [iī])	(eae)	(ea)	–
소	eius	eius	eius	eōrum	eārum	eōrum	suī
여	eī	eī	eī	eīs [iīs]	eīs [iīs]	eīs [iīs]	sibī
목	eum	eam	id	eōs	eās	ea	sē
탈	eō	eā	eō	eīs [iīs]	eīs [iīs]	eīs [iīs]	sē
	ab eō	eā	eō	ab eīs [iīs]	eīs [iīs]	eīs [iīs]	ā sē
	cum eō	eā	eō	cum eīs [iīs]	eīs [iīs]	eīs [iīs]	sēcum

라틴어 인칭대명사 3인칭 중 비재귀적인 것의 주격은 원래 존재하지 않는다. 다만, 나머지 격은 지시대명사 is, ea, id의 변화와 같다.

라틴어 문장에서 대명사가 주어로 사용되는 것은 강조할 때뿐이다. 주어가 3인칭일 때, 지시대명사가 인칭대명사 대신 사용된다.

재귀대명사는 단수와 복수의 형태가 같다. 재귀대명사의 주격은 존재하지 않는다.

재귀대명사는 어떤 움직임이나 상태가 그 주체와 관련된 것을 나타내기 위해 사용되는 대명사다. 영어의 himself, herself, itself, themselves 등에 해당한다.

2. 소유대명사

	1인칭	2인칭	3인칭	
			재귀적	비재귀적
단수	meus mea meum	tuus tua tuum	suus sua suum	eius
복수	noster nostra nostrum	vester vestra vestrum	suus sua suum	eōrum eārum eōrum

1인칭 및 2인칭 단수와 재귀적 3인칭의 격변화는 형용사의 제 1/2변화 제1급에 준한다.

1인칭 및 2인칭 복수는 형용사의 제1/2변화 제2급의 niger, nigra, nigrum과 마찬가지로 변화한다.

3인칭인 비재귀적 소유대명사는 원래 존재하지 않지만, 비재귀적 인칭대명사 3인칭을 대신 사용한다. 이것은 변화하지 않는다.

	남성	여성	중성
단주	noster	nostra	nostrum
소	nostrī	nostrae	nostrī
여	nostrō	nostrae	nostrō
목	nostrum	nostram	nostrum
탈	nostrō	nostrā	nostrō
호	noster	nostra	nostrum

	남성	여성	중성
복주	nostrī	nostrae	nostra
소	nostrōrum	nostrārum	nostrōrum
여	nostrīs	nostrīs	nostrīs
목	nostrōs	nostrās	nostra
탈	nostrīs	nostrīs	nostrīs
호	nostrī	nostrae	nostra

pater noster 우리 아버지
patria nostra 우리나라
mare nostrum 우리의 바다

3. 지시대명사

(1) hic, haec, hoc

	단수			복수		
	남성	여성	중성	남성	여성	중성
주	hic	haec	hoc	hī	hae	haec
소	huius	huius	huius	hōrum	hārum	hōrum
여	huic	huic	huic	hīs	hīs	hīs
목	hunc	hanc	hoc	hōs	hās	haec
탈	hōc	hāc	hōc	hīs	hīs	hīs

(2) iste, ista, istud

	단수			복수		
	남성	여성	중성	남성	여성	중성
주	iste	ista	istud	istī	istae	ista
소	istīus	istīus	istīus	istōrum	istārum	istōrum
여	istī	istī	istī	istīs	istīs	istīs
목	istum	istam	istud	istōs	istās	ista
탈	istō	istā	istō	istīs	istīs	istīs

(3) ille, illa, illud

	단수			복수		
	남성	여성	중성	남성	여성	중성
주	ille	illa	illud	illī	illae	illa
소	illīus	illīus	illīus	illōrum	illārum	illōrum
여	illī	illī	illī	illīs	illīs	illīs
목	illum	illam	illud	illōs	illās	illa
탈	illō	illā	illō	illīs	illīs	illīs

(4) is, ea, id

	단수			복수		
	남성	여성	중성	남성	여성	중성
주	is	ea	id	eī [iī]	eae	ea
소	eius	eius	eius	eōrum	eārum	eōrum
여	eī	eī	eī	eīs [iīs]	eīs [iīs]	eīs [iīs]
목	eum	eam	id	eōs	eās	ea
탈	eō	eā	eō	eīs [iīs]	eīs [iīs]	eīs [iīs]

(5) īdem, eadem, idem

	단수			복수		
	남성	여성	중성	남성	여성	중성
주	īdem	eadem	idem	eīdem	eaedem	eadem
소	← eiusdem →			eōrundem	eārundem	eōrundem
여	← eīdem →			← eīsdem →		
목	eundem	eandem	idem	eōsdrm	eāsdem	eadem
탈	eōdem	eādem	eōdem	← eīsdem →		

복수 주격 eīdem 대신 īdem 혹은 iīdem이 사용되기도 한다.
eīsdem 대신 īsdem 혹은 iīsdem이 사용되기도 한다.

(6) ipse, ipsa, ipsum

	단수			복수		
	남성	여성	중성	남성	여성	중성
주	ipse	ipsa	ipsum	ipsī	ipsae	ipsa
소	ipsīus	ipsīus	ipsīus	ipsōrum	ipsārum	ipsōrum
여	ipsī	ipsī	ipsī	ipsīs	ipsīs	ipsīs
목	ipsum	ipsam	ipsum	ipsōs	ipsās	ipsa
탈	ipsō	ipsā	ipsō	ipsīs	ipsīs	ipsīs

4. 의문대명사

(1) 명사적 의문대명사 quis? quid?

	단수		복수		
	남성 / 여성	중성	남성	여성	중성
주	quis?	quid?	quī?	quae?	quae?
소	cuius?	cuius?	quōrum?	quārum?	quōrum?
여	cui?	cui?	quibus?	quibus?	quibus?
목	quem?	quid?	quōs?	quās?	quae?
탈	quō?	quō?	quibus?	quibus?	quibus?

(2) 형용사적 의문대명사 quī? quae? quod?

	단수			복수		
	남성	여성	중성	남성	여성	중성
주	quī?	quae?	quod?	quī?	quae?	quae?
소	cuius?	cuius?	cuius?	quōrum?	quārum?	quōrum?
여	cui?	cui?	cui?	quibus?	quibus?	quibus?
목	quem?	quam?	quod?	quōs?	quās?	quae?
탈	quō?	quā?	quō?	quibus?	quibus?	quibus?

명사적 의문대명사 용례

> Quem mittam? Et quis ībit nōbīs?　Is 6:8
> 내가 누구를 보내며, 누가 우리를 위하여 갈꼬?

형용사적 의문대명사 용례

> In quā potestāte haec facis?　Mt 21:23
> 네가 무슨 권세로 이런 일을 하느뇨?

5. 관계대명사

(1) quī, quae, quod

	단수			복수		
	남성	여성	중성	남성	여성	중성
주	quī	quae	quod	quī	quae	quae
소	cuius	cuius	cuius	quōrum	quārum	quōrum
여	cui	cui	cui	quibus	quibus	quibus
목	quem	quam	quod	quōs	quās	quae
탈	quō	quā	quō	quibus	quibus	quibus

(2) quīcumque, quaecumque, quodcumque

		남성	여성	중성
단수	주	quīcumque	quaecumque	quodcumque
	소	cuiuscumque	cuiuscumque	cuiuscumque
	여	cuicumque	cuicumque	cuicumque
	목	quemcumque	quamcumque	quodcumque
	탈	quōcumque	quōcumque	quōcumque
복수	주	quīcumque	quaecumque	quaecumque
	소	quōrumcumque	quārumcumque	quōrumcumque
	여	quibuscumque	quibuscumque	quibuscumque
	목	quōscumque	quāscumque	quaecumque
	탈	quibuscumque	quibuscumque	quibuscumque

이것은 단수에서는 주로 형용사적으로 사용되고, 복수에서는 주로 명사적으로 사용된다.

Quīcumque enim in Chrīstō baptizātī estis, Chrīstum induistis.
누구든지 그리스도와 합하여 세례를 받은 자는 그리스도로 옷 입었느니라. 갈 3:27

(3) quisquis, quidquid

		남성	여성	중성
단수	주	quisquis		quidquid
	소	cuiuscuius		cuiuscuius
	여	cuicui		cuicui
	목	quemquem		quidquid
	탈	quōquō		quōquō
복수	주	quīquī	quaequae	quaequae
	소	quōrumquōrum	quārumquārum	quōrumquōrum
	여	quibusquibus	quibusquibus	quibusquibus
	목	quōsquōs	quāsquās	quaequae
	탈	quibusquibus	quibusquibus	quibusquibus

이것은 주로 명사적으로 사용되며, 복수형은 찾아보기 어렵다.

Quidquid discis, tibī discis.

그대가 그 무엇을 배우든, 그것은 다 그대 자신을 위해 배우는 것이다.

6. 부정대명사

(1) aliquis, aliquid

		남성	여성	중성
단수	주	aliquis		aliquid
	소	alicuius		alicuius
	여	alicui		alicui
	목	aliquem		aliquid
	탈	aliquō		aliquō
복수	주	aliquī	aliquae	aliqua
	소	aliquōrum	aliquārum	aliquōrum
	여	aliquibus	aliquibus	aliquibus
	목	aliquōs	aliquās	aliqua
	탈	aliquibus	aliquibus	aliquibus

주로 명사적으로 사용된다.

aliquis (= *someone*)

aliquid (= *something*)

(2) aliquī, aliqua, aliquod

		남성	여성	중성
단수	주	aliquī	aliqua	aliquod
	소	alicuius	alicuius	alicuius
	여	alicui	alicui	alicui
	목	aliquem	aliquam	aliquod
	탈	aliquō	aliquā	aliquō
복수	주	aliquī	aliquae	aliqua
	소	aliquōrum	aliquārum	aliquōrum
	여	aliquibus	aliquibus	aliquibus
	목	aliquōs	aliquās	aliqua
	탈	aliquibus	aliquibus	aliquibus

주로 형용사적으로 사용된다.

aliquod malum   어떤 해악

sine aliquō vulnere   별다른 부상을 입지 않고

(3) quis, quid

		남성	여성	중성
단수	주		quis	quid
	소		cuius	cuius
	여		cui	cui
	목		quem	quid
	탈		quō	quō
복수	주	quī	quae	qua
	소	quōrum	quārum	quōrum
	여	quibus	quibus	quibus
	목	quōs	quās	qua
	탈	quibus	quibus	quibus

주로 명사적으로 사용된다.

Sī quis autem īgnōrat, īgnōrābitur.

만일 누구든지 알지 못하면, 그는 알아 줌을 받지 못할 것이니라.

(고전 14:38)

(4) quī, qua, quod

		남성	여성	중성
단수	주	quī	qua (quae)	quod
	소	cuius	cuius	cuius
	여	cui	cui	cui
	목	quem	quam	quod
	탈	quō	quā	quō
복수	주	quī	quae	qua
	소	quōrum	quārum	quōrum
	여	quibus	quibus	quibus
	목	quōs	quās	qua
	탈	quibus	quibus	quibus

주로 형용사적으로 사용된다.

Sī quis frāter uxōrem habet īnfidēlem, et haec cōnsentit habitāre cum illō, nōn dīmittat illam.

만일 어떤 형제에게 믿지 아니하는 아내가 있어, 남편과 함께 살기를 좋아하거든, 저를 버리지 말라! (고전 7:12)

(5) quisquam, quidquam (quicquam)

		남성	여성	중성
단 수	주	quisquam		quidquam (quicquam)
	소	cuiusquam		cuiusquam
	여	cuiquam		cuiquam
	목	quemquam		quidquam (quicquam)
	탈	quōquam		quōquam
복 수	주	quīquam	quaequam	quaquam
	소	quōrumquam	quārumquam	quōrumquam
	여	quibusquam	quibusquam	quibusquam
	목	quōsquam	quāsquam	quaquam
	탈	quibusquam	quibusquam	quibusquam

명사적으로 사용되며, 보통 부정문 혹은 부정적 의미를 지닌 문장에 나타난다.

quisquam (= *anyone*)

quidquam (= *anything*)

(6) ūllus, ūlla, ūllum

		남성	여성	중성
단수	주	ūllus	ūlla	ūllum
	소	ūllīus	ūllīus	ūllīus
	여	ūllī	ūllī	ūllī
	목	ūllum	ūllam	ūllum
	탈	ūllō	ūllā	ūllō
복수	주	ūllī	ūllae	ūlla
	소	ūllōrum	ūllārum	ūllōrum
	여	ūllīs	ūllīs	ūllīs
	목	ūllōs	ūllās	ūlla
	탈	ūllīs	ūllīs	ūllīs

형용사적으로 사용되며, 보통 부정문 혹은 부정적 의미를 지닌 문장에 나타난다.

영어의 any에 해당한다.

(7) quīdam, quaedam, quiddam

		남성	여성	중성
단수	주	quīdam	quaedam	quiddam
	소	cuiusdam	cuiusdam	cuiusdam
	여	cuidam	cuidam	cuidam
	목	quendam	quandam	quiddam
	탈	quōdam	quādam	quōdam
복수	주	quīdam	quaedam	quaedam
	소	quōrundam	quārundam	quōrundam
	여	quibusdam	quibusdam	quibusdam
	목	quōsdam	quāsdam	quaedam
	탈	quibusdam	quibusdam	quibusdam

명사적으로 사용되며, 영어의 a certain person 혹은 a certain thing에 해당한다.

Quīdam habēbat trēs fīliōs.
어떤 사람에게 세 아들이 있었다.

(8) quīdam, quaedam, quoddam

		남성	여성	중성
단수	주	quīdam	quaedam	quoddam
	소	cuiusdam	cuiusdam	cuiusdam
	여	cuidam	cuidam	cuidam
	목	quendam	quandam	quoddam
	탈	quōdam	quādam	quōdam
복수	주	quīdam	quaedam	quaedam
	소	quōrundam	quārundam	quōrundam
	여	quibusdam	quibusdam	quibusdam
	목	quōsdam	quāsdam	quaedam
	탈	quibusdam	quibusdam	quibusdam

형용사적으로 사용되며, 영어의 a certain에 해당한다.

Rēx quīdam habēbat trēs fīliās.
어떤 왕에게 세 딸이 있었다.

(9) quisque, quaeque, quidque

		남성	여성	중성
단수	주	quisque	quaeque	quidque
	소	cuiusque	cuiusque	cuiusque
	여	cuique	cuique	cuique
	목	quemque	quamque	quidque
	탈	quōque	quāque	quōque

명사적으로 사용된다.

(10) quisque, quaeque, quodque

		남성	여성	중성
단수	주	quisque	quaeque	quodque
	소	cuiusque	cuiusque	cuiusque
	여	cuique	cuique	cuique
	목	quemque	quamque	quodque
	탈	quōque	quāque	quōque

형용사적으로 사용된다.

(11) omnis, omne

		남성 / 여성	중성
단수	주	omnis	omne
	소	omnis	omnis
	여	omnī	omnī
	목	omnem	omne
	탈	omnī	omnī
복수	주	omnēs	omnia
	소	omnium	omnium
	여	omnibus	omnibus
	목	omnēs	omnia
	탈	omnibus	omnibus

(12) nēmō, nihil 및 nūllus

	명사적		형용사적
주	nēmō	nihil	nūllus, a, um
소	nūllīus	nūllīus reī	nūllīus
여	nēminī	nūllī reī	nūllī
목	nēminem	nihil(um)	nūllum, am, um
탈	nūllō	nūllā rē (nihilō)	nūllō, ā, ō

(13) quīvīs, quaevīs, quidvīs

		남성	여성	중성
단수	주	quīvīs	quaevīs	quidvīs
	소	cuiusvīs	cuiusvīs	cuiusvīs
	여	cuivīs	cuivīs	cuivīs
	목	quemvīs	quamvīs	quidvīs
	탈	quōvīs	quāvīs	quōvīs
복수	주	quīvīs	quaevīs	quaevīs
	소	quōrumvīs	quārumvīs	quōrumvīs
	여	quibusvīs	quibusvīs	quibusvīs
	목	quōsvīs	quāsvīs	quaevīs
	탈	quibusvīs	quibusvīs	quibusvīs

명사적으로 사용된다.

"누구든지" 혹은 "무엇이든지"의 뜻을 지닌다.

quem vīs(= "그대가 원하는 사람이면 누구든지")에서 유래한 것이다.

(14) quīvīs, quaevīs, quodvīs

		남성	여성	중성
단수	주	quīvīs	quaevīs	quodvīs
	소	cuiusvīs	cuiusvīs	cuiusvīs
	여	cuivīs	cuivīs	cuivīs
	목	quemvīs	quamvīs	quodvīs
	탈	quōvīs	quāvīs	quōvīs
복수	주	quīvīs	quaevīs	quaevīs
	소	quōrumvīs	quārumvīs	quōrumvīs
	여	quibusvīs	quibusvīs	quibusvīs
	목	quōsvīs	quāsvīs	quaevīs
	탈	quibusvīs	quibusvīs	quibusvīs

형용사적으로 사용된다.

quīvīs ūnus   아무나 한 사람

quāvīs ratiōne   어떤 식으로든지

7. 대명사적 형용사

(1) sōlus, sōla, sōlum

	남성	여성	중성
주	sōlus	sōla	sōlum
소	sōlīus	sōlīus	sōlīus
여	sōlī	sōlī	sōlī
목	sōlum	sōlam	sōlum
탈	sōlō	sōlā	sōlō

(2) tōtus, tōta, tōtum

	남성	여성	중성
주	tōtus	tōta	tōtum
소	tōtīus	tōtīus	tōtīus
여	tōtī	tōtī	tōtī
목	tōtum	tōtam	tōtum
탈	tōtō	tōtā	tōtō

(3) nōnnūllus, nōnnūlla, nōnnūllum

		남성	여성	중성
단수	주	nōnnūllus	nōnnūlla	nōnnūllum
	소	nōnnūllīus	nōnnūllīus	nōnnūllīus
	여	nōnnūllī	nōnnūllī	nōnnūllī
	목	nōnnūllum	nōnnūllam	nōnnūllum
	탈	nōnnūllō	nōnnūllā	nōnnūllō
복수	주	nōnnūllī	nōnnūllae	nōnnūlla
	소	nōnnūllōrum	nōnnūllārum	nōnnūllōrum
	여	nōnnūllīs	nōnnūllīs	nōnnūllīs
	목	nōnnūllōs	nōnnūllās	nōnnūlla
	탈	nōnnūllīs	nōnnūllīs	nōnnūllīs

nōnnūllus < nōn + nūllus

tū et nnōnnūllī collēgae tuī

그대와 그대의 적잖은 동료들

(4) uter, utra, utrum

	남성	여성	중성
주	uter	utra	utrum
소	utrīus	utrīus	utrīus
여	utrī	utrī	utrī
목	utrum	utram	utrum
탈	utrō	utrā	utrō

Utrī ducī crēdāmus?
두 지도자 중 누구를 우리는 믿어야 할까?

(5) neuter, neutra, neutrum

	남성	여성	중성
주	neuter	neutra	neutrum
소	neutrīus	neutrīus	neutrīus
여	neutrī	neutrī	neutrī
목	neutrum	neutram	neutrum
탈	neutrō	neutrā	neutrō

(6) uterque, utraque, utrumque

		남성	여성	중성
단수	주	uterque	utraque	utrumque
	소	utrīusque	utrīusque	utrīusque
	여	utrīque	utrīque	utrīque
	목	utrumque	utramque	utrumque
	탈	utrōque	utrāque	utrōque
복수	주	utrīque	utraeque	utraque
	소	utrōrumque	utrārumque	utrōrumque
	여	utrīsque	utrīsque	utrīsque
	목	utrōsque	utrāsque	utraque
	탈	utrīsque	utrīsque	utrīsque

Uterque cōnsul cecidit.

통령 둘이 다 전사했다.

Utrīquī ducī crēdidimus.

우리는 그 두 통령을 다 믿었다.

(7) alter, altera, alterum

		남성	여성	중성
단수	주	alter	altera	alterum
	소	alterīus	alterīus	alterīus
	여	alterī	alterī	alterī
	목	alterum	alteram	alterum
	탈	alterō	alterā	alterō
복수	주	alterī	alterae	altera
	소	alterōrum	alterārum	alterōrum
	여	alterīs	alterīs	alterīs
	목	alterōs	alterās	altera
	탈	alterīs	alterīs	alterīs

alter oculus 한쪽 눈

Cōnsuētūdō est quasi altera nātūra.

습관은 마치 제2의 천성과 같다.

(8) alius, alia, aliud

		남성	여성	중성
단수	주	alius	alia	aliud
	소	alterīus	alterīus	alterīus
	여	aliī	aliī	aliī
	목	alium	aliam	aliud
	탈	aliō	aliā	aliō
복수	주	aliī	aliae	alia
	소	aliōrum	aliārum	aliōrum
	여	aliīs	aliīs	aliīs
	목	aliōs	aliās	alia
	탈	aliīs	aliīs	aliīs

Alius alium adiuvat.

서로 서로 돕는다.

Alius in aliam partem abiit.

각자 다른 방향으로 떠났다.

8. 상관대명사

의문/관계	부정관계	지시	부정
quālis(?) 어떠한	quāliscumque 그 어떠한	tālis 이러한	–
quantus(?) 얼마나 큰 quantum(?) 얼마나 많은 how much	quantuscumque 그 얼마나 큰 quantumcumque 그 얼마나 많은	tantus 이만큼 큰 tantum 이만큼 많은 tantundem 꼭 이만큼	aliquantus 어느 정도 큰 aliquantum 얼마큼
quot(?) 얼마나 많은 how many	quotcumque(?) 그 얼마나 많은 quotquot 그 얼마나 많은	tot 이만큼 많은 totidem 꼭 이만큼 많은	aliquot 얼마큼

Utinam mihī tālis amīcus esset, quālis est tibī!
나에게도 너의 그 친구처럼 [좋은] 친구가 있다면 얼마나 좋을까?

Nōn habeō tot librōs quot tū.
나는 너처럼 책이 그렇게 많지 않아.

9. 대명사적 부사

(1) 장소에 관한 대명사적 부사

의문	quis? 누가?	ubi? 어디에? quā?	quō? 어디로?	unde? 어디에서?
지시	hic 이 iste 그 ille 저 is 그 idem 바로 그 ea	hīc (hāc) istīc (istāc) illīc (illāc) ibī ibīdem eā	hūc istūc (istō) illūc (illō) eō eōdem	hinc 여기에서 istinc 거기에서 illic 저기에서 inde 그곳에서
관계	quī quīcumque	ubī ubicumque	quō quōcumque	unde undecumque
부정	aliquis alius quisquam quisque uterque	alicubī alibī usquam nusquam ubīque utrimque	aliquō aliō nusquam utrōque	alicunde aliunde nusquam undique

(1) 장소에 관한 대명사적 부사 (계속)

의문	관계	지시	부정
quā? 어느 길에? quācumque? 그 어떤 길에?	quā quācumque	eā 그 길에 eādem 같은 길에	aliquā 어떤 길에

(2) 시간에 관한 대명사적 부사

의문	관계	지시	부정
quandō? 언제?	cum quandō quandōcumque quōtiē(n)s quōtiē(n)scum- que	tum 그때 tunc 당시 nunc 지금 ōlim 옛날 totiē(n)s 그때마다 totiē(n)scum- que	quondam 어떤 때 aliquāndō 어떤 때 quandōcumque 언제라도 aliquōtiē(n)s 몇 번은 umquam *ever* numquam *never*

(3) 방식에 관한 대명사적 부사

의문	관계	지시	부정
quōmodo? 어떻게?	quōmodo quemadmodum		
	ut (utī)	ita 그렇게 sīc	utique 어떤 식으로든 여하간
	utcumque 어떻든지 간에		
quam? 얼마나?	quam	tam 그만큼	
	quamquam 얼마나 그럴지라도		
		item 똑같이	

Quam pulchra est alba urna Corēāna!
한국의 백자는 얼마나 아름다운가!

E. 수사

1. 기수와 서수 개관

		기수	서수
1	I	ūnus, ūna, ūnum	prīmus, -a, -um
2	II	duo, duae, duo	secundus (alter)
3	III	trēs, tria	tertius
4	IV	quattuor	quārtus
5	V	quīnque	quīntus
6	VI	sex	sextus
7	VII	septem	septimus
8	VIII	octō	octāvus
9	IX	novem	nōnus
10	X	decem	decimus
11	XI	ūndecim	ūndecimimus
12	XII	duodecim	duodecimus
13	XIII	trēdecim	tertius decimus
14	XIV	quattuordecim	quārtus decimus
15	XV	quīndecim	quīntus decimus
16	XVI	sēdecim	sextus decimus
17	XVII	septendecim	septimus decimus
18	XVIII	duodēvīgintī	duodēvīcēsimus
19	XIX	ūndēvīgintī	ūndēvīcēsimus
20	XX	vīgintī	vīcēsimus
21	XXI	ūnus et vīgintī = vīgintī ūnus	vīcēsimus prīmnus

		기수	서수
22	XXII	duo et vīgintī = vīgintī duo	alter et vīcēsimus = vīcēsimus alter
23	XXIII	trēs et vīgintī = vīgintī trēs	vīcēsimus tertius
24	XXIV	quattuor et vīgintī = vīgintī quattuor	vīcēsimus quārtus
25	XXV	quīnque et vīgintī = vīgintī quīnque	vīcēsimus quīntus
26	XXVI	sex et vīgintī = vīgintī sex	vīcēsimus sextus
27	XXVII	septem et vīgintī = vīgintī septem	vīcēsimus septimus
28	XXVIII	duodētrīgintā	duodētrīcēsimus
29	XXIX	ūndētrīgintā	ūndētrīcēsimus
30	XXX	trīgintā	trīcēsimus
40	XL	quadrāgintā	quadrāgēsimus
50	L	quīnquāgintā	quīnquāgēsimus
60	LX	sexāgintā	sexāgēsimus
70	LXX	septuāgintā	septuāgēsimus
80	LXXX	octōgintā	octōgēsimus
90	XC	nōnāgintā	nōnāgēsimus
99	IC	nōnāgintā novem = ūndēcentum	nōnāgēsimus nōnus = ūndēcentēsimus
100	C	centum	centēsimus

		기수	서수
101	CI	centum (et) ūnus	centēsimus prīmus
102	CII	centum (et) duo	centēsimus secundus
103	CIII	centum (et) trēs	centēsimus tertius
197	CXCVII	centum (et) nōnāgintā septem	centēsimus nōnāgēsimus septimus
198	CIIC	centum (et) duodēcentum	centēsimus duodēcentēsimus
199	CIC	centum (et) ūndēcentum	centēsimus ūndēcentēsimus
200	CC	ducentī, -ae, -a	ducentēsimus
300	CCC	trecentī, -ae, -a	trecentēsimus
400	CCCC	quadringentī, -ae, -a	quadringentēsimus
500	D	quīngentī, -ae, -a	quīngentēsimus
600	DC	sescentī, -ae, -a	sescentēsimus
700	DCC	septingentī, -ae, -a	septingentēsimus
800	DCCC	octingentī, -ae, -a	octingentēsimus
900	CM	nōngentī, -ae, -a	nōngentēsimus
201	CCI	ducentī ūnus	ducentēsimus prīmus
202	CCII	ducentī duo	ducentēsimus secundus
203	CCIII	ducentī trēs	ducentēsimus tertius
999	CMIC	nōngentī ūndēcentum	nōngentēsimus ūndēcentēsimus
1000	M	mīlle	mīllēsimus

		기수	서수
2000	MM / $\overline{\text{II}}$	duo mīlia	bis mīllēsimus
3000	MMM / $\overline{\text{III}}$	tria mīlia	ter mīllēsimus
4000	$\overline{\text{IV}}$	quattuor mīlia	quater mīllēsimus
5000	$\overline{\text{V}}$	quīnque mīlia	quīnquiēs mīllēsimus
6000	$\overline{\text{VI}}$	sex mīlia	sexiēs mīllēsimus
7000	$\overline{\text{VII}}$	septem mīlia	septiēs mīllēsimus
8000	$\overline{\text{VIII}}$	octō mīlia	octiēs mīllēsimus
9000	$\overline{\text{IX}}$	novem mīlia	noviēs mīllēsimus
10000	$\overline{\text{X}}$	decem mīlia	deciēs mīllēsimus
20000	$\overline{\text{XX}}$	vīgintī mīlia	vīciēs mīllēsimus
30000	$\overline{\text{XXX}}$	trīgintā mīlia	trīciēs mīllēsimus
100000	$\overline{\text{C}}$	centum mīlia	centiēs mīllēsimus
200000	$\overline{\text{CC}}$	ducenta mīlia	ducentiēs mīllēsimus
300000	$\overline{\text{CCC}}$	trecenta mīlia	trecentiēs mīllēsimus
1000000	$\boxed{\text{X}}$	deciēs centēna mīlia	deciēs centiēs mīllēsimus
2000000	$\boxed{\text{XX}}$	vīciēs centēna mīlia	vīciēs centiēs mīllēsimus
3000000	$\boxed{\text{XXX}}$	trīciēs centēna mīlia	trīciēs centiēs mīllēsimus

2. 개별수사와 승수사

	개별수사	승수사
1	singulī, -ae, -a	semel
2	bīnī, -ae, -a	bis
3	ternī / trīnī	ter
4	quaternī	quater
5	quīnī	quīnquiēs
6	sēnī	sexiēs
7	septēnī	septiēs
8	octōnī	octiēs
9	novēnī	noviēs
10	dēnī	deciēs
11	ūndēnī	ūndeciēs
12	duodēnī	duodeciēs
13	ternī dēnī	ter deciēs
14	quaternī dēnī	quater deciēs
15	quīnī dēnī	quīnquiēs deciēs
16	sēnī dēnī	sexiēs deciēs
17	septēnī dēnī	septiēs deciēs
18	duodēvīcēnī	duodēvīciēs
19	ūndēvīcēnī	ūndēvīciēs
20	vīcēnī	vīciēs
21	vīcēnī singulī = singulī et vīcēnī	vīciēs semel = semel et vīciēs
22	vīcēnī bīnī = bīnī et vīcēnī	vīciēs bis = bis et vīciēs

	개별수사	승수사
27	vīcēnī septēnī = septēnī et vīcēnī	vīciēs semel = semel et vīciēs
28	duodētrīcēnī	duodētrīciēs
29	ūndētrīcēnī	ūndētrīciēs
30	trīcēnī	trīciēs
40	quadrāgēnī	quadrāgiēs
50	quīnquāgēnī	quīnquāgiēs
60	sexāgēnī	sexāgiēs
70	septuāgēnī	septuāgiēs
80	octōgēnī	octōgiēs
90	nōnāgēnī	nōnāgiēs
100	centēnī	centiēs
200	ducēnī	ducēntiēs
300	trecēnī	trecēntiēs
400	quadringēnī	quadringēntiēs
500	quīngēnī	quīngēntiēs
600	sescēnī	sescēntiēs
700	septingēnī	septingēntiēs
800	octingēnī	octingēntiēs
900	nōngēnī	nōngēntiēs
1000	singula mīlia	mīliēs
2000	bīna mīlia	bis mīliēs
10000	dēna mīlia	deciēs mīliēs
20000	vīcēna mīlia	vīciēs mīliēs
100000	centēna mīlia	centiēs mīliēs
1000000	deciēs centēna mīlia	deciēs centiēs mīliēs

3. 순서를 나타내는 수사적 부사

1	prīmum	100	centēsimum
2	iterum	200	ducentēsimum
3	tertium	300	trecentēsimum
4	quārtum	400	quadringentēsimum
5	quīntum	500	quīngentēsimum
6	sextum	600	sescentēsimum
7	septimum	700	septingentēsimum
8	octāvum	800	octingentēsimum
9	nōnum	900	nōngentēsimum
10	decimum	1000	mīllēsimum
11	ūndecimum	2000	bis mīllēsimum
12	duodecimum	3000	ter mīllēsimum
13	tertium decimum	4000	quater mīllēsimum
14	quārtum decimum	5000	quīnquiēs mīllēsimum
15	quīntum decimum	6000	sexiēs mīllēsimum
16	sextum decimum	7000	septiēs mīllēsimum
17	septimum decimum	8000	octiēs mīllēsimum
18	duodēvīcēsimum	9000	nōviēs mīllēsimum
19	ūndēvīcēsimum	10000	deciēs mīllēsimum
20	vīcēsimum	20000	vīciēs mīllēsimum
30	trīcēsimum	100000	centiēs mīllēsimum
40	quadrāgēsimum	200000	ducentiēs mīllēsimum
50	quīnquāgēsimum	300000	trecentiēs mīllēsimum
60	sexāgēsimum	1000000	deciēs centiēs mīllēsimum
70	septuāgēsimum	2000000	vīciēs centiēs mīllēsimum
80	octōgēsimum	3000000	trīciēs centiēs mīllēsimum
90	nōnāgēsimum	10000000	deciēs mīliēs mīllēsimum

4. 배수사

	어미 -plex	어미 -plus
1	simplex, -plicis	–
2	duplex	duplus, -a, -um
3	triplex	triplus
4	quadruplex	quadruplus
5	quīnquiplex	quīncuplus
7	septemplex	septuplus
8	octuplex	octuplus
10	decemplex	decuplus
100	centumplex	centuplus
1.5	sēsquiplex	sēscuplus

5. 분수

1/3	tertia pars	1/10	decima pars
1/4	quārta pars	1/20	vīcēsima pars
1/5	quīnta pars	1/30	trīcēsima pars

2/3	duae partēs	9/10	novem partēs
3/4	trēs partēs	19/20	ūndēvīgintī partēs
4/5	quattuor partēs	29/30	ūndētrīgintā partēs

2/5	duae quīntae	7/10	septem decimae
3/7	trēs septimae	9/20	novem vīcēsimae
4/9	quattuor nōnae	11/30	ūndecim trīcēsimae

6. ūnus, duo, trēs의 격변화

	남성	여성	중성
주	ūnus	ūna	ūnum
소	ūnīus	ūnīus	ūnīus
여	ūnī	ūnī	ūnī
목	ūnum	ūnam	ūnum
탈	ūnō	ūnā	ūnō

	남성	여성	중성
주	duo	duae	duo
소	duōrum	duārum	duōrum
여	duōbus	duābus	duōbus
목	duōs	duās	duo
탈	duōbus	duābus	duōbus

	남성 여성	중성
주	trēs	tria
소	trium	trium
여	tribus	tribus
목	trēs	tria
탈	tribus	tribus

7. mīlle의 격변화

	남성 여성	중성
주	mīlle	mīlia
소	mīlle	mīlium
여	mīlle	mīlibus
목	mīlle	mīlia
탈	mīlle	mīlibus

trēcenta mīlia fīliōrum Israel	이스라엘 자손 30만 명
trīgintā mīlia virōrum Iuda	유다 사람 3만 명
tria mīlia Corēānōrum	한국 사람 3천 명

F. 동사

1. 규칙동사 직설법 능동태 현재어간

	제1변화 (A변화)	제2변화 (E변화)
	amāre	monēre
현 재	amō amās amat amāmus amātis amant	moneō monēs monet monēmus monētis monent
과 거	amābam amābās amābat amābāmus amābātis amābant	monēbam monēbās monēbat monēbāmus monēbātis monēbant
미 래	amābō amābis amābit amābimus amābitis amābunt	monēbō monēbis monēbit monēbimus monēbitis monēbunt

제3변화 (자음변화)	제3변화 (단모음변화)	제4변화 (장모음변화)
regere	capere	audīre
regō	capiō	audiō
regis	capis	audīs
regit	capit	audit
regimus	capimus	audīmus
regitis	capitis	audītis
regunt	capiunt	audiunt
regēbam	capiēbam	audiēbam
regēbās	capiēbās	audiēbās
regēbat	capiēbat	audiēbat
regēbāmus	capiēbāmus	audiēbāmus
regēbātis	capiēbātis	audiēbātis
regēbant	capiēbant	audiēbant
regam	capiam	audiam
regēs	capiēs	audiēs
reget	capiet	audiet
regēmus	capiēmus	audiēmus
regētis	capiētis	audiētis
regent	capient	audient

2. 규칙동사 접속법, 명령법 능동태 현재어간

		제1변화 (A변화) amāre	제2변화 (E변화) monēre
접속법현재		amem amēs amet amēmus amētis ament	moneam moneās moneat moneāmus moneātis moneant
접속법과거		amārem amārēs amāret amārēmus amārētis amārent	monērem monērēs monēret monērēmus monērētis monērent
명령법	I	amā! amāte!	monē! monēte!
	II	amātō! amātō! amātōte! amantō!	monētō! monētō! monētōte! monentō!

제3변화 (자음변화)	제3변화 (단모음변화)	제4변화 (장모음변화)
regere	capere	audīre
regam	capiam	audiam
regās	capiās	audiās
regat	capiat	audiat
regāmus	capiāmus	audiāmus
regātis	capiātis	audiātis
regant	capiant	audiant
regerem	caperem	audīrem
regerēs	caperēs	audīrēs
regeret	caperet	audīret
regerēmus	caperēmus	audīrēmus
regerētis	caperētis	audīrētis
regerent	caperent	audīrent
rege!	cape!	audī!
regite!	capite!	audīte!
regitō!	capitō!	audītō!
regitō!	capitō!	audītō!
regitōte!	capitōte!	audītōte!
reguntō!	capiuntō!	audiuntō!

3. 규칙동사 직설법 수동태 현재어간

	제1변화 (A변화)	제2변화 (E변화)
	amārī	monērī
현 재	amor amāris amātur amāmur amāminī amantur	moneor monēris monētur monēmur monēminī monentur
과 거	amābar amābāris amābātur amābāmur amābāminī amābantur	monēbar monēbāris monēbātur monēbāmur monēbāminī monēbantur
미 래	amābor amāberis amābitur amābimur amābiminī amābuntur	monēbor monēberis monēbitur monēbimur monēbiminī monēbuntur

제3변화 (자음변화)	제3변화 (단모음변화)	제4변화 (장모음변화)
regī	capī	audīrī
regor	capior	audior
regeris	caperis	audīris
regitur	capitur	audītur
regimur	capimur	audīmur
regiminī	capiminī	audīminī
reguntur	capiuntur	audiuntur
regēbar	capiēbar	audiēbar
regēbāris	capiēbāris	audiēbāris
regēbātur	capiēbātur	audiēbātur
regēbāmur	capiēbāmur	audiēbāmur
regēbāminī	capiēbāminī	audiēbāminī
regēbantur	capiēbantur	audiēbantur
regar	capiar	audiar
regēris	capiēris	audiēris
regētur	capiētur	audiētur
regēmur	capiēmur	audiēmur
regēminī	capiēminī	audiēminī
regentur	capientur	audientur

4. 규칙동사 접속법, 명령법 수동태 현재어간

		제1변화 (A변화)	제2변화 (E변화)
		amārī	monērī
접속법현재		amer amēris amētur amēmur amēminī amentur	monear moneāris moneātur moneāmur moneāminī moneantur
접속법과거		amārer amārēris amārētur amārēmur amārēminī amārentur	monērer monērēris monērētur monērēmur monērēminī monērentur
명령법	I	amāre! amāminī!	monēre! monēminī!
	II	amātor! amātor! amantor!	monētor! monētor! monentor!

제3변화 (자음변화)	제3변화 (단모음변화)	제4변화 (장모음변화)
regī	capī	audīrī
regar	capiar	audiar
regāris	capiāris	audiāris
regātur	capiātur	audiātur
regāmur	capiāmur	audiāmur
regāminī	capiāminī	audiāminī
regantur	capiantur	audiantur
regerer	caperer	audīrer
regerēris	caperēris	audīrēris
regerētur	caperētur	audīrētur
regerēmur	caperēmur	audīrēmur
regerēminī	caperēminī	audīrēminī
regerentur	caperentur	audīrentur
regere!	capere!	audīre!
regiminī!	capiminī!	audīminī!
regitor!	capitor!	audītor!
regitor!	capitor!	audītor!
reguntor!	capiuntor!	audiuntor!

5. 규칙동사 직설법 능동태 완료어간

	제1변화 (A변화)	제2변화 (E변화)
	amāv-	monu-
현 재 완 료	amāvī amāvistī amāvit amāvimus amāvistis amāvērunt	monuī monuistī monuit monuimus monuistis monuērunt
과 거 완 료	amāveram amāverās amāverat amāverāmus amāverātis amāverant	monueram monuerās monuerat monuerāmus monuerātis monuerant
미 래 완 료	amāverō amāveris amāverit amāverimus amāveritis amāverint	monuerō monueris monuerit monuerimus monueritis monuerint

제3변화 (자음변화)	제3변화 (단모음변화)	제4변화 (장모음변화)
rēx-	cēp-	audīv-
rēxī	cēpī	audīvī
rēxistī	cēpistī	audīvistī
rēxit	cēpit	audīvit
rēximus	cēpimus	audīvimus
rēxistis	cēpistis	audīvistis
rēxērunt	cēpērunt	audīvērunt
rēxeram	cēperam	audīveram
rēxerās	cēperās	audīverās
rēxerat	cēperat	audīverat
rēxerāmus	cēperāmus	audīverāmus
rēxerātis	cēperātis	audīverātis
rēxerant	cēperant	audīverant
rēxerō	cēperō	audīverō
rēxeris	cēperis	audīveris
rēxerit	cēperit	audīverit
rēxerimus	cēperimus	audīverimus
rēxeritis	cēperitis	audīveritis
rēxerint	cēperint	audīverint

6. 규칙동사 접속법 및 부정법 능동태 완료어간

	제1변화 (A변화) amāv-	제2변화 (E변화) monu-
접속법현재완료	amāverim amāveris amāverit amāverimus amāveritis amāverint	monuerim monueris monuerit monuerimus monueritis monuerint
접속법과거완료	amāvissem amāvissēs amāvisset amāvissēmus amāvissētis amāvissent	monuissem monuissēs monuisset monuissēmus monuissētis monuissent
부정법완료	amāvisse	monuisse

제3변화 (자음변화)	제3변화 (단모음변화)	제4변화 (장모음변화)
rēx-	cēp-	audīv-
rēxerim	cēperim	audīverim
rēxeris	cēperis	audīveris
rēxerit	cēperit	audīverit
rēxerimus	cēperimus	audīverimus
rēxeritis	cēperitis	audīveritis
rēxerint	cēperint	audīverint
rēxissem	cēpissem	audīvissem
rēxissēs	cēpissēs	audīvissēs
rēxisset	cēpisset	audīvisset
rēxissēmus	cēpissēmus	audīvissēmus
rēxissētis	cēpissētis	audīvissētis
rēxissent	cēpissent	audīvissent
rēxisse	cēpisse	audīvisse

7. 규칙동사 직설법 수동태 분사어간

	제1변화 (A변화)		제2변화 (E변화)	
	amāt-us, a, um		monit-us, a, um	
현 재 완 료	amāt-us, a, um amāt-ī, ae, a	sum es est sumus estis sunt	monit-us, a, um monit-ī, ae, a	sum es est sumus estis sunt
과 거 완 료	amāt-us, a, um amāt-ī, ae, a	eram erās erat erāmus erātis erant	monit-us, a, um monit-ī, ae, a	eram erās erat erāmus erātis erant
미 래 완 료	amāt-us, a, um amāt-ī, ae, a	erō eris erit erimus eritis erunt	monit-us, a, um monit-ī, ae, a	erō eris erit erimus eritis erunt

제3변화 (자음변화)		제3변화 (단모음변화)		제4변화 (장모음변화)	
rēct-us, a, um		capt-us, a. um		audīt-us, a, um	
rēct-us, a, um	sum es est	capt-us, a, um	sum es est	audīt-us, a, um	sum es est
rēct-ī, ae, a	sumus estis sunt	capt-ī, ae, a	sumus estis sunt	audīt-ī, ae, a	sumus estis sunt
rēct-us, a, um	eram erās erat	capt-us, a, um	eram erās erat	audīt-us, a, um	eram erās erat
rēct-ī, ae, a	erāmus erātis erant	capt-ī, ae, a	erāmus erātis erant	audīt-ī, ae, a	erāmus erātis erant
rēct-us, a, um	erō eris erit	capt-us, a, um	erō eris erit	audīt-us, a, um	erō eris erit
rēct-ī, ae, a	erimus eritis erunt	capt-ī, ae, a	erimus eritis erunt	audīt-ī, ae, a	erimus eritis erunt

8. 규칙동사 접속법 수동태 분사어간

	제1변화 (A변화)		제2변화 (E변화)	
	amāt-us, a, um		monit-us, a, um	
접속법현재완료	amāt-us, a, um amāt-ī, ae, a	sim sīs sit sīmus sītis sint	monit-us, a, um monit-ī, ae, a	sim sīs sit sīmus sītis sint
접속법과거완료	amāt-us, a, um amāt-ī, ae, a	essem essēs esset essēmus essētis essent	monit-us, a, um monit-ī, ae, a	essem essēs esset essēmus essētis essent
부정법완료	amāt-um, am, um amāt-ōs, ās, a	esse	monit-um, am, um monit-ōs, ās, a	esse

제3변화 (자음변화)		제3변화 (단모음변화)		제4변화 (장모음변화)	
rēct-us, a, um		capt-us, a. um		audīt-us, a, um	
rēct-us, a, um	sim sīs sit	capt-us, a, um	sim sīs sit	audīt-us, a, um	sim sīs sit
rēct-ī, ae, a	sīmus sītis sint	capt-ī, ae, a	sīmus sītis sint	audīt-ī, ae, a	sīmus sītis sint
rēct-us, a, um	essem essēs esset	capt-us, a, um	essem essēs esset	audīt-us, a, um	essem essēs esset
rēct-ī, ae, a	essēmus essētis essent	capt-ī, ae, a	essēmus essētis essent	audīt-ī, ae, a	essēmus essētis essent
rēct-um, am, um rēct-ōs, ās, a	esse	capt-um, am, um capt-ōs, ās, a	esse	audīt-um, am, um audīt-ōs, ās, a	esse

9. 동명사

	제1변화 (A변화)	제2변화 (E변화)
주 소 여 목 탈	(amāre) amandī amandō amandum (amāre) amandō	(monēre) monendī monendō monendum (monēre) monendō

10. 동형사

	제1변화 (A변화)	제2변화 (E변화)
단	amand-us, a, um	monend-us, a, um
복	amand-ī, ae, a	monend-ī, ae, a

제3변화 (자음변화)	제3변화 (단모음변화)	제4변화 (장모음변화)
(regere)	(capere)	(audīre)
regendī	capiendī	audiendī
regendō	capiendō	audiendō
regendum	capiendum	audiendum
(regere)	(capere)	(audīre)
regendō	capiendō	audiendō

제3변화 (자음변화)	제3변화 (단모음변화)	제4변화 (장모음변화)
regend-us, a, um	capiend-us, a, um	audiend-us, a, um
regend-ī, ae, a	capiend-ī, ae, a	audend-ī, ae, a

11. 분사 능동태

	제1변화 (A변화)	제2변화 (E변화)
현재 분사	am-**āns,** am-**antis**	mon-**ēns,** mon-**entis**
미래 분사	amāt-**ūrus,** **ūra, ūrum**	monit-**ūrus,** **ūra, ūrum**

12. 분사 수동태

	제1변화 (A변화)	제2변화 (E변화)
완료 분사	amāt-**us, a, um**	monit-**us, a, um**

제3변화 (자음변화)	제3변화 (단모음변화)	제4변화 (장모음변화)
reg-**ēns,** reg-**entis**	capi-**ēns,** capi-**entis**	audi-**ēns,** audi-**entis**
rēct-**ūrus,** **ūra, ūrum**	capt-**ūrus,** **ūra, ūrum**	audīt-**ūrus,** **ūra, ūrum**

제3변화 (자음변화)	제3변화 (단모음변화)	제4변화 (장모음변화)
rēct-us, **a, um**	capt-us, **a, um**	audīt-us, **a, um**

13. 부정사

	능동태	수동태
현재	amāre monēre regere capere audīre	amārī monērī regī capī audīrī
완료	amāvisse monuisse rēxisse cēpisse audīvisse	amāt-um, am, um esse monit-um, am, um esse rēct-um, am, um esse capt-um, am, um esse audīt-um, am, um esse
미래	amātūrum, ūram, ūrum esse monitūrum, ūram, ūrum esse rēctūrum, ūram, ūrum esse captūrum, ūram, ūrum esse audītūrum, ūram, ūrum esse	amātum īre monitum īre rēctum īre captum īre audītum īre

14. 목적분사

제1목적분사	제2목적분사
amātum	amātū
monitum	monitū
rēctum	rēctū
captum	captū
audītum	audītū

Cubitum iit.

Mīlitēs speculātum missī sunt.

Lēgātī vēnērunt pācem petītum.

Hoc est incrēdibile dictū.

Plēraque faciliōra sunt dictū quam factū.

Haec rēs iūcunda est audītū.

15. 불규칙동사

esse

	현재어간		완료어간	
	직설법	접속법	직설법	접속법
현재	sum es est sumus estis sunt	sim sīs sit sīmus sītis sint	fuī fuistī fuit fuimus fuistis fuērunt	fuerim fueris fuerit fuerimus fueritis fuerint
과거	eram erās erat erāmus erātis erant	essem essēs esset essēmus essētis essent	fueram fuerās fuerat fuerāmus fuerātis fuerant	fuissem fuissēs fuisset fuissēmus fuissētis fuissent
미래	erō eris erit erimus eritis erunt		fuerō fueris fuerit fuerimus fueritis fuerint	

	현재어간			완료어간
	부정법	제1명령법	제2명령법	부정법
현재	esse	es! este!	estō! estō! estōte! suntō!	
완료				fuisse
미래				futūr-um, am, um esse 혹은 fore

현재분사	미래분사
ēns	futūr-us, a, um

esse의 복합동사

abesse	absum	āfuī
adesse	adsum / assum	adfuī / affuī
deesse	dēsum	dēfuī
interesse	intérsum	intérfuī
obesse	obsum	obfuī
praeesse	praesum	praefuī
superesse	supérsum	supérfuī

prōdesse

	현재어간		완료어간	
	직설법	접속법	직설법	접속법
현 재	prōsum prōdes prōdest prōsumus prōdestis prōsunt	prōsim prōsīs prōsit prōsīmus prōsītis prōsint	prōfuī prōfuistī prōfuit prōfuimus prōfuistis prōfuērunt	prōfuerim prōfueris prōfuerit prōfuerimus prōfueritis prōfuerint
과 거	prōderam prōderās prōderat prōderāmus prōderātis prōderant	prōdessem prōdessēs prōdesset prōdessēmus prōdessētis prōdessent	prōfueram prōfuerās prōfuerat prōfuerāmus prōfuerātis prōfuerant	prōfuissem prōfuissēs prōfuisset prōfuissēmus prōfuissētis prōfuissent
미 래	prōderō prōderis prōderit prōderimus prōderitis prōderunt		prōfuerō prōfueris prōfuerit prōfuerimus prōfueritis prōfuerint	
제1명령법		prōdes! prōdeste!	제2명령법	prōdestō! prōdestō! prōdestōte! prōsuntō!

posse

	현재어간		완료어간	
	직설법	접속법	직설법	접속법
현 재	possum potes potest possumus potestis possunt	possim possīs possit possīmus possītis possint	potuī potuistī potuit potuimus potuistis potuērunt	potuerim poteris potuerit poterimus potueritis potuerint
과 거	poteram poterās poterat poterāmus poterātis poterant	possem possēs posset possēmus possētis possent	potueram potuerās potuerat potuerāmus potuerātis potuerant	potuissem potuissēs potuisset potuissēmus potuissētis potuissent
미 래	poterō poteris poterit poterimus poteritis poterunt		potuerō potueris potuerit potuerimus potueritis potuerint	

현재 분사	potēns

완료 부정형	potuisse

ferre, ferō, tulī, lātum 능동

	현재어간		완료어간	
	직설법	접속법	직설법	접속법
현 재	ferō fers fert ferimus fertis ferunt	feram ferās ferat ferāmus ferātis ferant	tulī tulistī tulit tulimus tulistis tulērunt	tulerim tuleris tulerit tulerimus tuleritis tulerint
과 거	ferēbam ferēbās ferēbat ferēbāmus ferēbātis ferēbant	ferrem ferrēs ferret ferrēmus ferrētis ferrent	tuleram tulerās tulerat tulerāmus tulerātis tulerant	tulissem tulissēs tulisset tulissēmus tulissētis tulissent
미 래	feram ferēs feret ferēmus ferētis ferent		tulerō tuleris tulerit tulerimus tuleritis tulerint	
제1명령법		fer! ferte!	제2명령법	fertō! fertō! fertōte! feruntō!

ferre, ferō, tulī, lātum 수동

	현재어간		분사어간			
	직설법	접속법	직설법		접속법	
현 재	feror ferris fertur ferimur feriminī feruntur	ferar ferāris ferātur ferāmur ferāminī ferantur	lāt-us, a, um lāt-ī, ae, a	sum es est sumus estis sunt	lāt-us, a, um lāt-ī, ae, a	sim sīs sit sīmus sītis sint
과 거	ferēbar ferēbāris ferēbātur ferēbāmur ferēbāminī ferēbantur	ferrer ferrēris ferrētur ferrēmur ferrēminī ferrentur	lāt-us, a, um lāt-ī, ae, a	eram erās erat erāmus erātis erant	lāt-us, a, um lāt-ī, ae, a	essem essēs esset essēmus essētis essent
미 래	ferar ferēris ferētur ferēmur ferēminī ferentur		lāt-us, a, um lāt-ī, ae, a	erō eris erit erimus eritis erunt		
제1명령법		ferre! feriminī!	제2명령법		fertor! fertor! — feruntor!	

ferre, ferō, tulī, lātum 계속

	능동태 부정형	수동태 부정형
현재	ferre	ferrī
완료	tulisse	lāt-um, am, um esse
미래	lātūr-um, am, um esse	lātūr-um, am, um īrī

동명사	동형사
ferendī ferendō ferendum ferendō	ferend-us, a, um

현재분사	미래분사
ferēns, ferentis	lātūr-us, a, um

ferre의 복합동사

afferre	afferō	attulī	allātum
auferre	auferō	abstulī	ablātum
cōnferre	cōnferō	cōntulī	collātum
differre	differō	distulī	dēlātum
offerre	offerō	obtulī	oblātum
praeferre	praeferō	praetulī	praelātum
referre	referō	rettulī	relātum

velle, volō, voluī

	현재어간		완료어간	
	직설법	접속법	직설법	접속법
현재	volō vīs vult volumus vultis volunt	velim velīs velit velīmus velītis velint	voluī voluistī voluit voluimus voluistis voluērunt	voluerim volueris voluerit voluerimus volueritis voluerint
과거	volēbam volēbās volēbat volēbāmus volēbātis volēbant	vellem vellēs vellet vellēmus vellētis vellent	volueram voluerās voluerat voluerāmus voluerātis voluerant	voluissem voluissēs voluisset voluissēmus voluissētis voluissent
미래	volam volēs volet volēmus volētis volent		voluerō volueris voluerit voluerimus volueritis voluerint	
현재분사		volēns, volentis	완료 부정형	voluisse

nōlle, nōlō, nōluī

	현재어간		완료어간	
	직설법	접속법	직설법	접속법
현 재	nōlō nōn vīs nōn vult nōlumus nōn vultis nōlunt	nōlim nōlīs nōlit nōlīmus nōlītis nōlint	nōluī nōluistī nōluit nōluimus nōluistis nōluērunt	nōluerim nōlueris nōluerit nōluerimus nōlueritis nōluerint
과 거	nōlēbam nōlēbās nōlēbat nōlēbāmus nōlēbātis nōlēbant	nōllem nōllēs nōllet nōllēmus nōllētis nōllent	nōlueram nōluerās nōluerat nōluerāmus nōluerātis nōluerant	nōluissem nōluissēs nōluisset nōluissēmus nōluissētis nōluissent
미 래	nōlam nōlēs nōlet nōlēmus nōlētis nōlent		nōluerō nōlueris nōluerit nōluerimus nōlueritis nōluerint	
현재분사	nōlēns, -entis		완료 부정형	nōluisse
제1명령법	nōlī nōlīte		제2명령법	nōlītō nōlītō nōlītōte nōluntō

mālle, mālō, māluī

	현재어간		완료어간	
	직설법	접속법	직설법	접속법
현 재	mālō māvīs māvult mālumus māvultis mālunt	mālim mālīs mālit mālīmus mālītis mālint	māluī māluistī māluit māluimus māluistis māluērunt	māluerim mālueris māluerit māluerimus mālueritis māluerint
과 거	mālēbam mālēbās mālēbat mālēbāmus mālēbātis mālēbant	māllem māllēs māllet māllēmus māllētis māllent	mālueram māluerās māluerat māluerāmus māluerātis māluerant	māluissem māluissēs māluisset māluissēmus māluissētis māluissent
미 래	mālam mālēs mālet mālēmus mālētis mālent		māluerō mālueris māluerit māluerimus mālueritis māluerint	
현재분사		mālēns, mālentis	완료 부정형	māluisse

īre, eō, iī, itum 능동

	현재어간		완료어간	
	직설법	접속법	직설법	접속법
현 재	eō īs it īmus ītis eunt	eam eās eat eāmus eātis eant	iī īstī iit iimus īstis iērunt	ierim ieris ierit ierimus ieritis ierint
과 거	ībam ībās ībat ībāmus ībātis ībant	īrem īrēs īret īrēmus īrētis īrent	ieram ierās ierat ierāmus ierātis ierant	īssem īssēs īsset īssēmus īssētis īssent
미 래	ībō ībis ībit ībimus ībitis ībunt		ierō ieris ierit ierimus ieritis ierint	
제1명령법		ī! īte!	제2명령법	ītō! ītō! ītōte! euntō!

īre, eō, iī, itum 수동

	현재어간		완료어간	
	직설법	접속법	직설법	접속법
현 재	(eor) (īris) ītur (īmur) (īminī) (euntur)	(ear) (eāris) eātur (eāmur) (eāminī) (eantur)	– – itum est – – –	– – itum sit – – –
과 거	(ībar) (ībāris) ībātur (ībāmur) (ībāminī) (ībantur)	(īrer) (īrēris) īrētur (īrēmur) (īrēminī) (īrentur)	– – itum erat – – –	– – itum esset – – –
미 래	– – ībitur – – –		– – itum erit – – –	

īre, eō, iī, itum 계속

	능동태 부정형	수동태 부정형
현재	īre	īrī
완료	īsse	
미래	itūr-um, am, um esse	

현재분사	미래분사
iēns, euntis	itūr-us, a, um

동명사	동형사	목적분사	
eundī eundō	eund-us, a, um	I.	itum
eundum eundō		II.	itū

īre의 복합동사

abīre	abeō	abiī	abitum
adīre	adeō	adiī	aditum
exīre	exeō	exiī	exitum
inīre	ineō	iniī	initum
interīre	intereō	interiī	interitum
obīre	obeō	obiī	obitum
perīre	pereō	periī	peritum

praeterīre, eō, iī, itum 수동 현재어간

	직설법	접속법
현재	praetereor praeterīris praeterītur praeterīmur praeterīminī praetereuntur	praeterear praetereāris praetereātur praetereāmur praetereāminī praetereantur
과거	praeterībar praeterībāris praeterībātur praeterībāmur praeterībāminī praeterībantur	praeterīrer praeterīrēris praeterīrētur praeterīrēmur praeterīrēminī praeterīrentur
미래	praeterībor praeterīberis praeterībitur praeterībimur praeterībiminī praeterībuntur	

fierī, fīō, factus sum

	현재어간		완료어간			
	직설법	접속법	직설법		접속법	
현재	fīō fīs fit fīmus fītis fīunt	fīam fīās fīat fīāmus fīātis fīant	fact-us, a, um fact-ī, ae, a	sum es est sumus estis sunt	fact-us, a, um fact-ī, ae, a	sim sīs sit sīmus sītis sint
과거	fīēbam fīēbās fīēbat fīēbāmus fīēbātis fīēbant	fierem fierēs fieret fierēmus fierētis fierent	fact-us, a, um fact-ī, ae, a	eram erās erat erāmus erātis erant	fact-us, a, um fact-ī, ae, a	essem essēs esset essēmus essētis essent
미래	fīam fīēs fīet fīēmus fīētis fīent		fact-us, a, um fact-ī, ae, a	erō eris erit erimus eritis erunt	미래분사 futūr-us, a, um 동형사 faciend-us, a, um	
미래부정형	1. futūr-um, am, um esse 2. fore 3. factum īrī		**완료부정형**		fact-um, am, um esse	

16. 탈형동사 및 반탈형동사

탈형(脫形)동사는, 형태는 (사실상) 수동태이나, 능동의 의미를
지닌다.

hortārī	hortor	격려하다
verērī	vereor	경외하다
loquī	loquor	말하다
morī	morior	죽다
orīrī	orior	솟아오르다

반(半)탈형동사는, 현재어간과 완료어간 중 하나만 그 형태가
수동태이지만, 의미는 능동이다.

audēre	audeō	ausus sum	감행하다
gaudēre	gaudeō	gavīsus sum	기뻐하다
solēre	soleō	solitus sum	늘 …하다
fīdere	fīdō	fīsus sum	신뢰하다
cōnfīdere	cōnfīdō	cōnfīsus sum	신뢰하다
diffīdere	diffīdō	diffīsus sum	불신하다
revertī	revertor	revertī	돌아가다

17. 불완전동사

(1) 완료어간만 지닌 동사

다음과 같은 몇 개 동사는, 현재어간이 없고 완료어간만 지니는데,
뜻은 현재다.

meminisse	기억하다
ōdisse	미워하다
nōvisse	알다

직설법		접속법	
현재완료 과거완료 미래완료	memin-ī memin-eram memin-erō	현재완료 과거완료	memin-erim memin-issem
명령법	mementō!	mementōte!	

단, coepisse는 완료어간만 지니지만, 뜻은 현재완료다. coepisse의
현재형으로는 incipere가 대신 사용된다.

(2) 일부 어형만 지닌 동사

가. āiō (= "[긍정적으로] 말하다")

현재: āiō, ais, ait, āiunt
과거: āiēbam, āiēbās, āiēbat, āiēbāmus, āiēbātis, āiēbant
현재완료: ait
접속법 현재: āiās, āiat, āiant

나. inquam (= "말하다")

현재: inquam, inquis, inquit, inquiunt
미래: inquiēs, inquiet
현재완료: inquit

다. quaesō (= "부탁하다")

현재: quaesō, qauesumus

라. avē, avēte (= "안녕!")

마. salvē, salvēte (= "안녕!")

마. valē, valēte (= "잘 지내라!", "건강해라")

부 록

1. 라틴어 문자

A B C D E F G H I K L M N O P Q R S T (U) V X Y Z

J, U, W는 중세 내지 근세 초에 만들어졌다. 본서는 고전 라틴어를 기준으로 하므로, 이들 문자는 원칙적으로 사용하지 않는다.

하지만 U는 편의상 사용하기도 하는데, 고대 로마인들은 U 대신 V를 사용하였다.

고대에는 소문자가 사용되지 않았으나, 본서에서는 편의상 사용한다.

2. 발음

고전 라틴어에서는 문자와 발음이 원칙적으로 일치한다. 이 점에서 영어나 불어와는 매우 다르고, 오히려 우리말이나 헬라어와 매우 비슷하다.

(1) C는 K로 발음한다.   Cicerō 키케로

(2) G는 항상 "ㄱ"으로 발음하지, "ㅈ"으로 발음하지 않는다.

Genesis 게네시스   Germānia 게르마니아

(3) 이중모음

	주전 1세기까지	주후 1세기 이후
ae	아이	애
au	아우	아우
eu	에우	에우
oe	오이	외
ui	우이	위

본서에서는 이중모음에 관한 한 주후 1세기 이후의 발음을 따르기로 한다.

Caesar 카이사르 / 캐사르

(4) u의 발음

u는 원래 v로 표기되었다. 그래서인지, 다음 경우에는 반자음으로 사용되어, v로 발음된다.

① q 다음: quis 크비스

② ng 다음: lingua 링그바

③ s와 a / e 사이: suadeo 스바데오, Suebi 스베비

3. 강세

라틴어에서 강세(強勢) 혹은 악센트가 오는 단어는 2음절 이상의 단어다. 악센트의 문제는 특히 3음절 이상의 단어에서 중요해지는데, 이는, 2음절로 된 단어의 경우 악센트는 항상 첫 음절에 오는 관계로, 악센트의 위치를 찾기가 매우 쉽기 때문이다. 3음절 이상의 단어에서 액센트의 위치를 찾기 위해서는 "팬울티마 법칙"을 알아야 한다.

Imperátor

안티팬울티마 팬울티마 울티마

팬울티마 법칙에 의하면, 3음절 이상의 단어에서 팬울티마가 장음일 때, 팬울티마에 악센트가 온다.

만약 팬울티마가 단음이면, 안티팬울티마에 악센트가 온다.

Impérium

하지만 어떤 단어에 전접어(前接語) -que, -ve, -ne 등이 붙으면, 팬울티마가 단음이라도, 팬울티마에 악센트가 온다.

fīliáque, omniáve, itáne

어떤 팬울티마의 모음이 단모음이라도, 이 모음 뒤에 두 개 이상의 자음이 오면, 이 팬울티마는 장음절로 취급되어, 이곳에 악센트가 온다.

colúmba, fenéstra, Septémber

x는 k+s와 같다 여겨져, 마치 두 개의 자음인 것처럼 취급된다.

compléxus

라틴어 문법 차트

발 행 | 2021년 04월 06일
저 자 | 김광채
펴낸이 | 한건희
펴낸곳 | 주식회사 부크크
출판사등록 | 2014.07.15.(제2014-16호)
주 소 | 서울특별시 금천구 가산디지털1로 119 SK트윈타워 A동 305호
전 화 | 1670-8316
이메일 | info@bookk.co.kr

ISBN | 979-11-372-4159-6

www.bookk.co.kr